社会人10年目をこえたら知っておきたいキャバクラ

全くの初心者がキャバクラで過ごし、美味しい思いをするための指南書

Jackal

総合科学出版

はじめに

キャバクラとは

そもそもキャバクラとは何をするところでしょうか。

ひょっとしたら、まだ一度も行ったことのない方、あるいは何となく、言葉しか知らない方も多いと思います。

私自身も社会人になってからはじめて先輩に連れていってもらって、「これがキャバクラというところ。」ということを何となく理解したのはもう20年前になります。

一言で端的に言えば、飲食店でキャバ嬢（キャスト）と呼ばれるおしゃれをした女性が、男性客のテーブルの対面や横に座って、お酒を注いでくれたり、煙草に火を付けてくれたりしながら、会話をしてくれる場であります。

ですから、そこで我々男性をとにかく気持ちよくさせてくれる、ある意味で貴重なお店というか場であります。

　もちろん、飲食店という定義ですから、性的なサービスは基本的にはありません。ですが、何せ短いスカートや胸元を開いたドレスを着ている女性がすぐ隣にいるものですから、お酒の勢いもあり、時には抱き寄せる、あるいは多少のボディタッチをしてしまう人も多いのではないでしょうか。

　当然のことながら、その対価となる入場料たるものは、お店の場所、キャストの質等、いろいろなことを勘案され、お店ごとに異なる料金が発生します。

　北は北海道から南の沖縄まで、一般的な大都市ベースでみると、安ければ1時間3千円、高級店であれば1時間2万円というようなところであります。

　どれが正解というわけではありませんが、このあたりは弱肉強食の世界でキャストのレベル（キャストの時給や給料が高い）や内装（ソファーがゆったりしている、ＶＩＰルームがある等）が良ければ、料金は高いということになります。

もちろん、個々のサイフ事情によって通うお店は異なるでしょう。高級店の方が**当たり**（※1）は多いかもしれませんが、安いお店に行っても、当たりの子がいないわけではありません。とにかく、自分の好みのキャストが出勤しているお店さえ見つかればそこに通ってしまうのが男の性という所になると思います。

ちなみに、法律上は、風俗営業等の規制及び業務の適正化等に関する法律第2条の定める風俗営業のうち、「接待飲食等営業」に分類される1号又が2号で都道府県公安委員会の許可を受けて営業していますから、無認可やら18歳未満のキャストが働いているお店には入らない方が賢明であります。

私自身、特に地方都市では気を付けているのですが、思わぬトラブルに巻き込まれてしまいますので、初めてのお店はしっかりと調べ、周りの誰も、一度も行ったことがないようなお店には注意しましょう。

間違っても、**ポン引き**（※2）などのお話は徹底的に無視をするのが賢明

※1　一般的に言われる美人、美女。

※2　キャバクラの勧誘をお店の前や路上で行う人。

であります。

いずれにしましても、これからはじめてキャバクラに行かれる方はもちろん、今まで行かれた方、そして、今通っている方には是非ともこの書籍を読んで頂き、自分なりのキャバクラ遊びを発掘、もしくは見つめ直しをして頂ければと思います。

もちろん、この書籍を読むことにより、キャバクラに全く興味を持たなくなる方もいると思いますが、それはそれでいいと思います。

私自身も行かない時期や空白の期間は長くありましたし、必要性があるときに利用すればいいだけの話ですので、その場合においての「キャバクラ」という世界を、私なりの経験談を踏まえ、教科書的にまとめてみました。読者の皆様の指南本になれば幸いであります。

社会人10年目をこえたら知っておきたい
キャバクラ
contents

社会人10年目をこえたら知っておきたい キャバクラ ―contents

contents

第4章　最終目的を遂げる …61

第5章　達人に学ぶ …83

contents

第1章

キャバクラに行く目的を考える

キャバクラの目的

キャバクラの目的は大きく2つあると思います。

一つは、とにかく、「楽しくしゃべれる」、あるいは「自分の話を聞いてくれる」といったような、トークが目的の場としての活用方法です。特に初心者の方においては、ほぼ間違いなくこのパターンになるでしょう。

居心地の良さ、あるいはビジネス上の接待、さらには、大人数で騒ぎたいというような場合は、こちらの目的が主となると思います。

そして、もう一つは、キャバクラに勤めるキャストとゴール、すなわち「Hをする」といった、性が目的となる出会いの場所としての活用方法です。
男女が出会うわけですから、いきなりではなくても、何回か通っているうちに好意を持ち、「付き合いたい」「抱きたい」という感情を持つことは当たり前であります。

本書においては、前者の目的の方にも参考になる話も少なからず記載しておきますが、原則、この書籍を買った方の目的を失礼ながら勝手に推測すると、「『キャストとHをする』というような方が多いのではないか？」と判断しておりますので、そのあたりの攻略法を中心に掲載しておりますので、ご了承下さい。

もちろん、私自身も接待含め、単なるトークでの利用もありますから、目的は人それぞれというところだと思っています。

当たり前の話でありますが、どのような目的であっても、キャバクラに通うということは無料ではありません。

貴重な給料やらお小遣いを捻出して、お金を苦慮して支出していますので、やはりそれなりに目的を達成でき、満足できる結果を残すことが重要になります。

つまり、キャバクラに結果的にお金を落とすというところの『費用対効果』を図る必要があります。

目的１：トーク重視や接待としての利用

こちらにつきましては、とにかく当たり前の話でありますが、自分のタイプのキャストと出会えれば、展開は早いものであります。

まずは、お店に伺い、自分の好みとマッチするキャストを探すことになります。

そんなキャストと出会えさえすれば、そのキャストが新人やら体験入店でない限り、基本的には自分に合わせたトーク力を持っていますから、それなりの**色恋**（※3）を含め、満足させてくれることでしょう。

その場合はそのキャストをそのまま指名（場内指名）して、時間の許す限り、トークのひと時を過ごせばそれなりに満足をするのではないでしょうか。

※3　疑似恋愛。好意を持たせること。好きになってもらうように仕向ける行為。

ただし一番難しいのは、**そもそもそんなキャストと出会えるか、もしくはそのキャストが長時間、自分の席についていてくれるか**という問題がありますが、そのあたりの対策やらポイントは後の章で紹介します。

また、接待やら友人を楽しませたいということを考えれば、その相手の好みのキャストがつく、あるいは陽気なキャストや、盛り上げることができ、それなりにお酒が飲めるキャストも一緒につけてもらうことがその場の成功の鍵を握ります。

本当に、ひたすらお酒が飲める子、カラオケがうまい子、気遣いができる子、どのような話題にも対応できる子、泥酔客やらセクハラ客対応がうまい子などなど千差万別でありますから、入店のタイミングで**ビジュアル**（キレイ系や可愛い系、あるいはスレンダー系やポッチャリ系）**や年齢の希望と同様に、どのような子がいいかの希望を伝えておくこと**が重要であります。

とにかく、そのようなキャストと出会ってしまえば居心地がいいことから、日頃の仕事のストレス解消、あるいは、独身の寂しさや、癒しという目的からも、キャバクラ通いが必須になる方も多いところであります。

目的2：気に入ったキャストと付き合いたい、Hをしたい

　こちらにつきましては、男なら誰もが思う、キャストとHをするのを目的に通うパターンであります。

　もちろん、貴方が誰もが認めるジャニーズ系の二枚目、あるいは御曹司等のお金持ちであれば、普通にキャストの方から色恋に関係なく、日常の出会いと同様にあなたの連絡先を聞いてくるパターンが圧倒的に多いので、普通に口説けば苦労することなく付き合う、あるいはその先のHをすることができると思います。

　しかしながら、私を含め、そのような方はほとんどいらっしゃらないでしょう。そもそも労せずして口説いたりゴールを決めることができる

なら、この書籍を読むこともないはずです。

失礼ながら、二枚目でもないし、お金持ちでもない、普通のサラリーマンである皆様が本書を読んでいると仮定して、付き合ったりHをする手法を後ほど紹介しますので、まずは焦らず、1ページずつ、本書を教科書的に読み、知識を身につけていきましょう。

参考までの大きく、目的ごとのコストとその達成に対する時間等を表にしてみました。

purpose 目的	cost コスト	time 時間	note 備考
トークや接待	自分のペース	かからない	妻帯者も安心
付き合いたい Hをしたい	相手との駆け引き	かかる	妻帯者は注意

やはり、コストにおいては付き合いやHを目的とする方が高くかかります。

達成するには数回はお店に通いますから、時間がかかります。

さらには恋人や妻がいる方は、単なる多少のトークや接待であればバレたとしてもそれほどトラブルもなく「仕事の付き合いや友人に連れて行かれた」の言い訳で十分に**抗弁**(※4)できるのではないかと思っておりますが、さすがに付き合う、あるいはHをしたことがバレたとしたら、ドラマや映画のワンシーンのような修羅場になることはわかると思います。これは絶対に避けなければならないところであります。

※4　相手に張り合って、または逆らって弁じ立てること。

コラム　キャバクラ代の捻出

こちらが一番というか最大の鍵であり、このテーマだけで1冊の本が書けます。

何せ、月の給料が2倍、3倍になる訳でもありませんし、妻帯者であれば、何かと家庭にもお金がかかり、月のお小遣いが数倍になるというようなことも夢物語です。

では結局のところ、どうするかとなると、昼食代を削ったり携帯料金を工夫したりなど、月々の涙苦しい節約も必要ではありますが、やはり、収入をあげる仕組みづくりが必須になります。

一言に収入を上げると言ってもいろいろありますが、てっとり早いのはヤフーオークション等での自分にとっての不用品の売却ということもできますし、クレジットカードの新規加入時やＦＸ（米ドル等の外国為替証拠金取引）の口座開設のみでの現金プレゼントに応じるなど、方法はいろいろあります。

その中で、私が推奨するのはそもそも収入をあげることだけに固執をするのではなく、必要となる支出におけるお金に工夫するということです。

わかりやすく端的に言えば、クレジットカードで払えるものはクレジットカードで払えば、それだけで１％～２％は還元されますし、アマゾンのギフト券を割引で入手するなど、身近のちょっとした工夫で５％ぐらいは還元されるものが多いです。

大人数で飲食する場合には幹事様無料とか、あるいは支払いを自分のクレジットカードにすれば、それだけでポイントを獲得することができますから、とにかく日頃からコツコツと小銭集めを徹底する姿勢は必要であります。

そのようなことを日頃から絶えず意識をして、そのお金をさらに投資で運用というような仕組みが構築できれば、月の数万円、理想を言えばキャバクラ遊びに月10万円くらいは捻出できるようになると思います。

参考書としては、私と似たようなハンドルネームであるＪＡＣＫ氏の「1万円を1年で１００万円に！ はじめての人の株式投資生活」（ぱる出版）を推奨しますので、是非ともご覧ください。

JACK氏 twitter：@jackjack2010

第2章

キャバクラにはいくらかかるのか

キャバクラにかかる費用

キャバクラの金額、つまり総額でいくらかかるのかが一番興味があるところであり、一番重要なことでしょう。

安ければ安い方がいいという意見もありますが、残念ながら、安い店ではなかなか、自分のタイプのキャストにはお目にかかれないといって過言ではないでしょう。

極まれに自分の価値に気付いていない、初めて働くキャストや付き合い等で仕方なく在籍しているキャストといったパターンもありますので、安いお店でも素敵なキャストと出会えるかもしれませんが、確率的にはかなり低いと思って頂ければと思います。

もちろん、自分は顔やスタイルでは選ばない、性格重視、さらには、世間一般の美人美女とは異なるタイプが好みだという場合においては、安い料金でのキャバクラで出会う確率は高くなることは言うまでもありません。

実際に私の友人でもとにかく足が細ければいいとか、お酒がたくさん飲める子なら誰でもいいというようなキャスト選びをする方もいます。

ただ一般論というか、私の経験則から鑑みると、そこそこ、というかそれなりのお金がかかるお店の方が、自分のタイプを含め世間で美人、キレイと言われるようなキャストが多く在籍しているのが実情であります。

また、キャストのレベルが同じようなお店であっても、立地により、都心と田舎、大都市と地方都市というような比較でいけば、マンションやアパートの家賃のように、前者の方が2割から3割は高くかかることがあります。

立地によっては、一般的に皆さんがお店に伺うであろう20時以降に入店すると、軽く2倍近い価格差が出てくることさえあります。かかる料金はお店の前の看板で比較することができますし、ホームページなどで比較してみてもわかるように、立地によって如何に予算、軍資金の持ち出しが変わってくるかということがわかります。

まずは皆様の地元、もしくは攻略するエリアのキャバクラ料金を確認することが必要であります。

一般的にキャバクラの料金設定は、時間制になっています。

最初の基本セットは40分とか60分とか、お店によってマチマチでありますが、この時間内でついてくれた複数のキャストと自由にお話ししながらお酒を飲むということになります。

お店によってはカラオケができるところもありますが、基本的には歌を歌う間や曲が流れている時間は、会話やら口説くことができませんので、薦められても私は基本的には歌いません。

もちろん、団体で行った時の盛り上げ目的、個室での二人での接近戦でのデュエットなら手をつなぐ、さらには抱擁チャンスが生まれますから、その場合はカラオケもアリかと思います。

なお、その最初の40分とか60分で、入れ替え等でお会計して追い出されるわけではなく、延長が可能であります。

もちろん、その延長時間もまた、別途30分とか60分単位でお金がかかってきますので、延長する場合は、

東京六本木 某店		九州熊本 某店	
19:00〜19:59 60min	￥5,000	19:00〜21:59 60min	￥4,000
20:00〜LAST 60min	￥10,000	22:00〜LAST 60min	￥5,000
延長料金 30min	￥4,000	延長料金 30min	￥3,000
指名料	￥3,000	指名料	￥1,000
サービス料	25%	サービス料	15%

費用対効果を鑑み、功を奏す時にのみ使うべきだと私は思っております。

「えっ！　功を奏すってなんですか？」と突っ込みがありそうですが、単純なことです。

延長することによって、「仲がよくなる＝**Hができる**(※5)確率が上がる」という勝利の方程式にハマる場合であります。

ですから、ここでは、まずは、この**基本料金と延長料金、そして、入店時間**の三つは初心者の方は必ず確認してから入店をすることが重要であります。

そのあたりの総額は必ず聞いておかないと、会計時に自分の想像以上の金額となることもあります。

入店前の確認時にはキャストもいませんので、恥ずかしがらず確認して、予算オーバーであれば、その日は諦めるということも必要であります。

最初の入店から無理をしてクレジットカード払いにしても、後々の勝

※5　SEXができる

負時にお金が全くない、あるいは借金をしてしまったという事では意味がありません。

また、私自身も何回か経験がありますが、お店によっては、お客の確認を取らずに自動延長をするお店もあり、最後のお会計で当初の予定金額以上の請求になることもありますから、そのあたりも延長時には連絡を入れるように伝えておく必要があります。

なお、キャバクラにかかるお金は**セット代**や**延長料金**以外にもかかるものがあります。

それは、まずは、**指名料**になります。

大前提として、はじめて行くキャバクラにおいては、どのキャストが自分の横につくかわからないフリーの扱いになります。

ですから、せっかくこちらがお金を払っているのに、嫌がらせというわけではありませんが、ビジュアルがタイプでない、会話が合わないというような、自分にとって、**ブー**(※6)のキャストが来ることも、もちろんあります。そんなキャストと時間を過ごすのは苦痛でしかありません。なので、そこは料金を支払って自分のお気に入りを指名すれば、確実に楽しい時間を過ごせることから、この**指名料**も考慮に入れた方が賢明であります。

また、外でキャストと食事、時にはホテルなど行ってからお店に行く場合には**同伴料**が発生しますし、騒がしい室内を避け、VIPルームのような個室を使えばそこでの**追加料金**も発生します。

あとは、セット代金に含まれているハウスボトル以外の飲み物代がかかってくるのと、意外にやっかいなのが、**サービス料**になります。

一般的に、このサービス料は、上記全ての料金に対してサービス料が10％～30％程度かかります。細かく言うと、消費税の8％も含んでTA

※6　タイプではない、自分にとってはブス

●某店舗の料金設定①●

セット料金（50分）	
20:00〜20:59	3,000円
21:00〜21:59	4,000円
22:00〜LAST	5,000円
V.I.P：セット料金（50分）	
テーブルチャージ料	3,000円（1名様）
Sweet：セット料金（50分）	
テーブルチャージ料	30,000円（3名様〜）
その他	
税金・サービス料	【税】8%　【サ】15%
指名料	2,000円
場内指名料	2,000円
同伴料	3,000円
延長料金	3,500円
指名延長	1,000円
延長方法	確認あり
ハウスボトル	ウイスキー・ブランデー
目安予算	6,300円（お一人様で指名した場合）

●某店舗の料金設定②●

Main Floor	SET 料金（60min）	20：00〜20：59	¥8,000
		21：00〜Last	¥11,000
	延長料（30min）		¥4,000
VIP Room	SET 料金（60min）	20：00〜20：59	¥8,000
		21：00〜Last	¥11,000
	VIP チャージ１名様		¥5,000
	延長料（30min）		¥5,000
Executive Room	SET 料金（60min）	20：00〜20：59	¥8,000
		21：00〜Last	¥11,000
	Executive チャージ１席 （２名様〜）		¥30,000
	延長料（30min）		¥5,000
Private Room	SET 料金（60min）	20：00〜20：59	¥8,000
		21：00〜Last	¥11,000
	ROOM チャージ１室 （３名様〜）		¥30,000
	延長料（30min）		¥5,000
同伴料			¥2,000
本指名料			¥3,000
場内指名料			¥3,000
S.C	Main Floor・VIP Room		20%
	Executive Room・Private Room		30%
TAX			8%

X（税サ）20％と表示しているお店と、サービス料15％・消費税８％と分けて表示してあるお店などがありますから、後者の場合はサービス料の15％にも８％の消費税がかかるので、実質24・２％が上乗せされます。

このあたりはホームページやメニューからでは把握しにくいことから、お店に入る前に店員に確認した方が無難であります。なぜなら、お会計が仮に５万円ならば支払いは約６万２千円、10万円なら約12万４千円の支払いになりますから、結構なダメージになるからです。

いずれにしろ、この会計、総額にかかるお金は、最初は高級店ではなく安いお店で遊んでみれば、すぐに理解することができると思います。まずは、一度お店に行って遊んでみるのが一番かと思います。

キャバクラの場所

当たり前ではありますが、キャバクラは様々な場所にあります。東京であれば、六本木や歌舞伎町といった、誰もが知っている場所には当然ありますし、吉祥寺や立川、上野や神田、あるいは蒲田や錦糸町といいたるところにあります。

また東京以外にも大阪、福岡、札幌という大都市はもちろんのこと、新潟や高松といった地方都市にも存在します。

とにかく名の知れた駅であり、そこそこの乗降客数がいれば、駅近くに数店、存在するのが一般的であります。

実際にグーグル等で「○○駅　キャバクラ」というような言葉で検索すると、次のようにすぐに把握することができます。

Google
六本木　キャバクラ
すべて　地図　画像　ニュース　ショッピング　もっと見る　設定　ツール
約 387,000 件（0.55 秒）
国立新美術館
東京ミッドタウン (Tokyo Midtown)
六本木
泉ガーデン
東京都立青山公園南地区
アークヒルズ 仙石山森タワー
出雲大社 東京分祠
西麻布
外務省外交史料館
毛利庭園
六本木ヒルズ
(有)コスモポリタン ビレッジ(東京オフィ
スヌーピーミュージアム東京
グランド ハイアット 東京
Map data ©2017 Google, ZENRIN
評価　時間
4.5 ★★★★★ (2) · キャバレー クラブ
18:00開店
3.9 ★★★★★ (7) · キャバレー クラブ
19:00開店
5.0 ★★★★★ (2) · キャバレー クラブ
19:00開店
さらに表示
六本木のキャバクラ一覧 | キャバクラ情報なら
https://
六本木のキャバクラ店舗情報一覧ページです♪キャバクラ情報サイト なら店舗情報はもちろん、お店の女の子やお得なクーポン情報まで情報満載！アナタにピッタリのお店も見つかっちゃうかも・・・
六本木
六本木のキャバクラ嬢一覧ページ | キャバクラ情報な

では、どこの場所がいいのかという疑問には、**自分の行きやすいところがいい**という王道な回答になります。

実際に会社と自宅の帰路途中とか、飲み会の後、あるいは出張先等が一般的な選択肢になろうかと思います。

もちろん、たまたま行ったキャバクラで自分の**ストライクゾーン**(※7)がいたから、そこに通い始めるということもあれば、既に出会ったお気に入りのキャストがお店を移店したから、その場所に新たに通うということもあると思います。

ただ1点、言えることとは、やはり俗に言う夜遊びで有名な所(ここで言うところの六本木や歌舞伎町)、また誰が見ても振り返る美女が多く在籍していることで有名なキャバクラと、田舎で美女の在籍が少ないキャバクラにおいては、料金がそれなりの差額となるところは、ある意味当然であります。

※7　好きなタイプの女の子

ですから、最初は、自分の使えるお金に準じたお店か、距離的に行きやすいお店の方が無難であります。

それだけでもいろいろ伺っていると、それなりのお店の数になると思いますので、その中で、ターゲットとなるお気に入りのお店を探すことが第一条件となります。

たくさんのお店の中からお気に入りのキャストを探すのには、経済的にも時間的にも手間暇がかかるかもしれませんが、軽くワンセットの1時間とか、時には先輩や上司に連れて行ってもらう、あるいは地方から友人が上京した時に、案内してあげるというような理由をつければ、意外に苦になりませんし、この書籍を手に取っている読者の方なら、そのような出会いの場の発掘作業なら、いくら時間がかかろうが逆に楽しめるのではないかと思います。

私自身も、未だに時間のある限り、お店もキャストも新規開拓という精神は初心に戻って忘れずに実行しているところであり、特に初めて入るお店で、最初にテーブルにキャストが着くまでの期待を込めた時間のドキドキ感というものは、なかなか日頃の生活の中では味わえない格別なものであると言っても過言ではありません。

このあたりは、昔に経験した合コンやら友達の紹介で初対面の女性に会う時の感覚に似ておりますし、そのような機会に遭遇すること自体、男冥利に尽きるのではないでしょうか。

コラム　写真に騙されてはいけない

こちらはキャバクラに限ったことではないかもしれません。一般的な風俗（ソープランドやデリヘル）でも多く見られ、被害者が続出しており、巷ではパネマジとも言われております。

パネマジとは、パネルマジックの略で、キャストの顔や全身写真を加工して、実物よりもはるかによく見せる技術のことを言います。

そのようなことを言う私自身も、免許証やパスポートは難しいですが、過去にオーディションや面接試験、あるいはまだ会っていない異性に写真を要求されたときには、奇跡の１枚とは言いませんが、光加減や角度といった、ある意味アナログ的なパネマジは精一杯しますが、さすがにパネマジの基本となる画像を修正するソフトやアプリは使ったことはありません。

しかし、それを使うことによって、後で騙されたとか言われても、取りあえずの場内やら本指名がつくのは事実でありますし、ひょっとしたら、気の弱い客であれば、そのまま強引に席に長時間滞在できることもありますし、意外や意外、パネル写真より実物の方が自分の好みであることも極まれにあることから、パネマジはキャストにとってもお店にとっても必須であります。

最近のパネマジ技術はとにかく凄く、顔の輪郭から顎のライン、体形に至っては胸の谷間など見せたい部分を強調することで、他の部分に目がいきにくいようにしますし、実際のサイズと異なる偽造した写真を載せるケースが一般的であります。

また、プロフィール上の年齢においても、基本はおばさんより若いキャストの方が人気がありますので、1歳、いや少なく見積もっても3歳、ひどいケースだと5歳以上サバを読んでいるというものもありますし、スリーサイズや身長、体重も全て正確に記載しているキャストは、私の経験ではは誰一人会ったことがありません。

以上のことから、店頭での写真やホームページの写真は3割りやら5割り増しと割り切って、間違っても入店する前からの本指名は避けた方が無難であります。

一度指名を決めてしまうと、なかなか他のキャストの連絡先は教えてもらえませんし（本指名がいる客には、ルール的に教えないキャストが一般的）、とにかくお金と時間の無駄であります。

なお、ホームページや店頭での写真で私が強いて参考にするのは、見た目の顔写真ではなく、売上やら指名ランキング、このあたりがわからない場合は、その写真の位置付けを意識します。

「位置づけ？」というのは、写真の大きさや、真ん中のセンターに掲載されているとか、トイレに入った時に目に入るところに貼付されているというような、とにかく、お店の推しがわかるからであります。

もしも、俗に言うブーやら売上に貢献しないキャストであれば、お店でのＰＲの扱いは違いますし、お店で推されるキャストはそれなりのビジュアルであることはもちろん、客への誘いやら対応にしっかりしているからことからハズレもないところでありますから、迷ったときには、そのあたりのキャストをまずは打診で場内指名するところであります。

第3章

キャバクラでの過ごし方

他の客より優位に立つ方法

当たり前の話になりますが、私たちがキャストを選ぶのと同じで、キャスト側も客を選びます。つまりキャストからすれば、どの客と接するのが一番、自分に得になるのかという一点に尽きますから、私たちはその中で優先順位を上げることにより、キャストを長時間にわたり独占することがHをする（第4章参照）早道となります。

「混んでいる時間を避ければいいのでしょう？」

というような回答もあるかもしれませんが、もちろん、お店が空いているオープン当初の時間帯、あるいは大雨や一般的なサラリーマンの給料日前はお店自体がガラガラということもあり、狙い目ではあります。

しかしながら、読者の皆様がキャバクラに行く日や時間帯等については、その日の気分やノリ、あるいはたまたま時間が空いた、同伴に誘われたなどのタイミングが多いので、お店がガラガラか混んでいるかは、その時になってみないとわからないと思います。

ですから基本は、その辺りは気にせずに、自分がお店の中、あるいはキャストが選ぶ中での優先順位を上げる方法を考えましょう。

しかしその答えは簡単なことです。「端的に言えば、お金をかける。」それだけのことであります。

お金をかけると言ってもやり方はいろいろあります。

・同伴をする　↓　同伴料金が発生
・入店前に**本指名**(※8)　↓　本指名料が発生
・シャンパンを入れる　↓　キャストの売り上げがアップ
・チップをこっそり上げる　↓　店側に摂取されることなく、ダイレ

※8　以前から知っているキャストを入店時に指名すること（席についてから決めるのは場内指名）

クトにキャストのお小遣いになる

つまり、とにかく「このお客さんはお金を使ってくれる」となると、キャスト側もお店側も当然のことながら、その対価として、キャストはそのテーブルには長時間つくようになります。

逆にフリーの客や場内指名（お店に入ってからの指名）の客については、テーブルについてもキャストには一切利益はありません。そもそもの時給など、基本給しか得ることができませんので、旨みがないのです。

また、ケチな客の席であればキャストは自分の飲みたい飲みものも飲めませんし、水だけということもあります。さらには、指名がかからないと煙草も吸えないというお店がほとんどでありますので、キャストを見れば、外見上はプロですから、にっこりと微笑んでおりますが、内心は『使えない客』という烙印を押しております。

もちろん、お金が青天井に使えればそれに越したことはありませんが、なかなか**懐事情的**（※9）に難しいと思いますので、効果的なお金のかけ方をいくつか紹介いたします。

・グループでキャバクラに行った時に、お会計を自分が払おうが、皆で割り勘にしようが、そのグループに対して何人テーブルにつこうが、自分だけが本指名をしていれば、売り上げはそのキャストの総取りになることからポイントが高い。

・シャンパンは高級ではなく、数万円の１本、２本でオーダーすることにより、結果的にキャストが個々にドリンクをオーダーするより安上がりになる。またシャンパンのオーダー時にクラッシュアイス等を併用して、ボトルの減るスピードを遅らせることにより、トータルの本数が減り、お会計が安くなる。

・キャストへのチップは金額を１０００円→３０００円→５０００円

※９　お財布事情。とにかくキャバクラはお金をかけようと思えば青天井。

とあげていき、お金があるが、いくら使うかはキャスト次第というプレッシャーを与え、胸へのタッチ、頬にキスぐらいを許容させる。

と、お金をかけると言っても、そこまで大きな金額ではないので、読者の方もすぐにできることばかりだと思います。

ちなみに、シャンパンのオーダー時に時には見栄を張って、高額なシャンパンを頼む展開もあるかもしれませんが、それはまだ先の話でありますから、この段階では不要です。

また、キャストへのボディタッチ等についても恥ずかしいかもしれませんが、「アメリカでは当たり前だよ！」と自信満々で言って、軽くやってみて下さい。実際に私は3歳までカリフォルニアに住んでいて、「老若男女、口にソフトキスをするのは挨拶と同じだよ。」と言って、オデコを合わせる、あるいは、頬にキスぐらいは、当たり前のようにやっております。

もしも、拒絶される場合には「冗談、冗談！」と笑いにかえればいいだけの話でありますが、お金という魔力によって、完璧に拒絶されることはないと思いますし、力任せやら嫌がっているのにするというようなことがなければ、原則、お店から**出禁**(※10)になることもまずありませんので、ご安心下さい。

なお、売れっ子キャストにもなれば敵もさるもので、シャンパンを入れた瞬間、あるいは延長をした瞬間に他のテーブルに移動という荒業を行使する方もたまにいらっしゃいます。

その場合については、すぐに店員、可能であれば、上役やら店長を呼び、このような仕打ちをするのであれば、シャンパンを取り消す、あるいは延長をせずにチェッ

● 個々のオーダーより安く済む可能性も ●

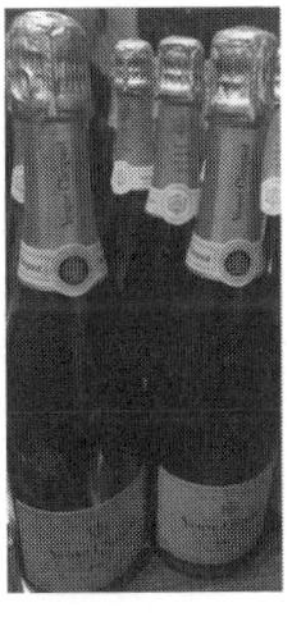

大量に頼んでも大人数であれば割り勘効果で意外にも数万円の支出で済む

※１０　次回からお店に入るのを拒絶されること

ク（お会計）する旨の異議を唱えます。

それでも改善しないようであれば、最後の手段として、「二度とお店に来ない」「ＳＮＳ等で暴露する」というような、とにかく、お店にとって不利になる条件を捨て台詞として交渉します。

ただ、実際に自分よりお金を使っている太客やら、やむを得ないタイミングで指名が重なる場合もありますから、その場合においては、場内指名で別のタイプのキャストをつけて頂くとか、その不在の時間は延長料金を安くしてもらうというようなサービスで溜飲を下げるのが得策であります。

とにかく、貴重なお金と時間を使っているのですから、タイプではないキャストと過ごす時間ほど一番、退屈で無駄であり、ストレスが溜まることは言うまでもありませんから。

ブーが来たときの回避方法

実際に自分の好みのタイプじゃないキャスト、もしくは話が合わないというような、俗に言うハズレというか自分の求めているキャストと明らかに違うブーが席についたらどうすればいいのか。

これは、私の諸先輩でも、誰もが通ってきた道であります。

何せ、出勤しているキャストの全員が美人で話も合うというようなキャバクラは、自分が経営者になって全員の採用に携わらない限り、皆無であります。

では、そのようなキャストが来た場合にどうするかですが、基本は無視に限ります。

「えっ！　一言も話さないのですか？」

と言われそうでありますが、基本的には**塩対応**（※11）します。

どんなに話しかけられても無視が一番であります。

変に話を合わせたりすると疲れますし、調子に乗って、ドリンクを要求してきたり、そのまま席に居座るキャストもいますから、とにかくシカトに限ります。

仲間がいれば、そちらの会話に入る、あるいは、一人であれば、スマホでゲームやネットを閲覧していればいいだけの話であります。

私自身は、ここぞとばかりに芸能からスポーツニュースから普段からのお気に入りのブログやSNSを閲覧しています。

また、トイレに立つのも有効な時間の使い方であります。

いずれにしろ、ブーと過ごす時間ほど苦痛であり、無駄なことは言うまでもありませんし、「何で、それなりの金を払って、このキャストと接しなければいけないの？」というような光景は、日常茶飯事でありますから、日頃から対策を考えておきましょう。

※11　愛想のない、冷淡な接し方。主にアイドルの握手会でこの言葉が用いられている。

私自身は、少しでもこのブーをそもそも自席から回避するために、入店前から、ブーが長時間、席にいたら延長しないとかシャンパン入れないとかと、受付や**付け回し**(※12)にプレッシャーをかけることは必須であります。

また、極端な話、タイプじゃないキャストが付く可能性が高い、**キャストがマイナスの時**(※13)などは、とりあえず、誰でもいいのでテーブルにつけてしまうというケースが散見されますし、自分自身も幾度も経験しているので要注意であります。

とにかく、コストパフォーマンスを鑑みれば、如何にこのブーとの滞在時間を短くすることができるかが大事なことかは、自ずとわかるかと思います。

※12　来店されたお客さんの席に、キャストを誘導するスタッフのこと

※13　キャストがついていないお客さんが発生している状態

コラム　キャストからのLINEの返信がすぐにくる方法

恋人、友人、家族に限らず、LINEが未読ならまだしも、既読で返信がないとイライラすることはないでしょうか。

そもそも未読と言っても今は、そのまま、相手には未読状態であっても内容を確認するアプリもありますし、例えばiPhone7では、トークリストの中から、Peek（覗き見）したいトークを強押し（プレス）すると、そのトーク画面がポップアップしますので、内容確認後、指を離せば、既読をつけることなく確認できます。

ですから、未読、既読は置いといて、返信がすぐに欲しい場合には、簡単なキャストにメリットがあるキーワードを入れるだけです。

それは、「同伴」という言葉になります。

この同伴は本編に記載したとおり、キャストにとっては、同伴料がつきますし、お店での売り上げも確保できることから一石二鳥であります。

例として検証結果を掲載しておきます。

「今度、ゆっくり食事しませんか？」……既読スルー
「食事して同伴しようか？」……LINE後、起きていれば即返信
「今日、何やっているの？」……未読スルー
「今日、同伴できる？」……LINE後、起きていれば即返信
「何か食べたいものやら欲しいのもある？」……既読スルー
「同伴前に食事かショッピングしようか？」……LINE後、起きていれば即返信

と、このような結果になりますから、単に「会いたい」「店外で遊びたい」「食事やら映画でも行こう」からの誘い文句からはじまり、「おはよう」「暑いね」「体調どう？」といったどうでもいい日常会話のＬＩＮＥは、あなたがよほど新たな客としてメリットを与える、あるいはキャストが売り上げ等に焦っているときでないと、迅速な返信はありません。

ちなみに巧みなキャストは、プライベート用を店用やら店置き用と複数台持ちとしておりますから、出勤時間にならないと既読やら返信もないということもあり、特に日曜祝日ほど、ＬＩＮＥの返信はまったく皆無というところでもあります。

このあたりは私の夜の師匠も実践して裏が取れておりますから、とにかく、とりあえず、返信が欲しい場合や連絡が取りたい場合には「同伴」というキーワードを入れてみて試して下さい。

第4章

最終目的を遂げる

Hをするには

おそらく、本書で一番、注目されるところかと思います。

私自身も正直なところ、キャバクラの目的はトーク重視や接待としての利用より、圧倒的に気に入ったキャストと付き合いたい、Hをしたいのが目的でありますから、経験談として記載できます。


まず、前提として、私自身がジャニーズ系の二枚目であったり、独身の20代、あるいは30代前半であれば、キャスト側から**色恋**（※14）営業でなく、純粋に好かれたり、付き合いたいというようなセリフを聞くことができるかもしれません。しかし、もう40代後半の単なる普通の親父にとっては、残念ながらそのような場に接することは皆無であります。

となると、コツコツお店に通うことと、とにかくタイミングを待つと

※14　キャバクラ内の疑似恋愛

いうところであります。

要は、生まれて初めてキャバクラで働くキャストならまだしも、基本的に彼女たちは自分の価値、そしてこちらの狙いは当然わかっております。

この客は私と寝たい、Hをしたい、**やり目**（※15）で近づいているので、一度、寝てしまうと飽きられる、もうお店に来なくなるということはわかっております。そうなると自分の商品価値がなくなり、売上に貢献できなくなってしまうことから、早々簡単にはHはさせてくれないのが一般的であります。

となると、どのようにすればいいのかというと、まずは前述したように、コツコツお店に通い、タイミングを待つということになります。

そのタイミングは結構いろいろなところにあるものです。

大前提として読者の皆様は**返報性の法則**という言葉を知っているで

※15 「やり目的」の略で、やること（＝性行為）を目的として異性に近づくなどの行動を意味する

しょうか。

返報性の法則とは、人から何らかしらの施しを受けた時、「お返しをしなくては申し訳ない」というような気持ちになるという心理作用のことを言います。

わかりやすく言えば、人間が持っている義理や人情のようなものになります。

この返報性の法則は、読者の方もバレンタインデーのお返し、お歳暮やお中元のお返し、年賀状のお返しと同じものです。とにかく知らないうちに当たり前のように経験しているものでありますから、言われてみればと納得する方も多いのではないでしょうか。

ですから、この「返報性の法則」を利用して、タイミングを図るのがHの近道になりますから、先にこちらから施しをするのが前提となります。

その施しの内容は、とにかく、キャストが喜ぶことをします。

具体的には売上のアップに貢献することが大前提でありますから、前述したような本指名を入れる、シャンパンを入れる、同伴するというようなところは鉄板の行為と言えます。

さらに、この施しを自分からではなく、キャスト側からの要求があっての施しであれば、さらに返報性の法則は強くなることは言うまでもありません。

それは、時給で働いているキャストにおいては、月末や15日の締め日の売上でその後の時給が決まりますので、それまでにノルマというかそれなりの売上を上げていないキャストは、罰金を取られたり時給が下がってしまうことから勝負の日となりますので、その日にキャストからの誘いに応じることは通常時よりポイントが上がることは言うまでもありません。

また、同じような勝負の日ということであれば、店内で開催されるバレンタインやクリスマスからはじまりハロウィンや浴衣といった、様々なイベントにおいても集客を求められることから、そのタイミングでの来店もポイントが上がります。

そして、最後は何よりもポイントが高いのは、そのキャストのバースデーになります。

何せ、キャストのバースデーでありますから、お店的にもキャストのプライド的にも、とにかく売上はあるだけあった方がいいし、閑古鳥が鳴くような状況は絶対に避けなければいけない日であります。

中には、「お金は私が払うから高級シャンパンを入れてほしい」とか、「セット料金はいらないから、友人や仲間を誘って多人数で来てほしい」というような、キャスト側からの要求もあるのも事実であります。それだけこのバースデーイベントはキャストにとって大変重要な日であります。

※16　閉店後、お客さんに接待すること。営業時間後にお客さんと食事、カラオケに行ったりする。

以上のような日に来店をする予定がたちましたら、同じ日に**アフター**(※16)や同伴の前に**添い寝**(※17)をして欲しいとか、こちらから返報性の原理を逆手に取って、交渉をします。

個人的には、アフターよりも同伴前の方が良いと思います。

化粧の乱れ等で出勤前の添い寝は嫌がるキャストもいますが、アフターであると他の客との奪い合いや体調不良等でばっくれることがあるので、私は出勤前のHを推奨します。

ただ、当然の事ながら、先に体という提供を受けておりますので、その後のお店での支出はプレミアが付き、当初のキャストの計算した金額より強気の2割から3割増しの要求になるので、そこは致し方ないコストと割り切るしかないところであります。

「えっ！　後日でいいのでは？」という質問もあるかもしれませんが、出来る限り費用対効果の早期回収という側面から考えれば、同じ日に決行することが賢明であります。

※17　ラブホテル等でHをすること

さすがに、バースデーの場合での同じ日の添寝は時間的に難しいことが多いので、その場合には、「今日、覚悟やら一線超えてくれれば、本日の同伴はもちろん、来月のバースデーは気合入れる」というような台詞で、返報性の法則を進化させ、先にHをさせてもらうという形にします。

とにかく、後日ともなると、売上達成やらノルマ達成の安堵感の方が返報性の法則の心理を上回ることも多々あるので、またしばらくの間Hをさせず、あの手この手で引っ張る傾向がありますから、基本は同日決行か難しいのであればイベント発生日前の決行に限ります。

ちなみに、実際にイベント発生日前にHをしたにも関わらず、その後に自分自身が長期入院となってしまったこともあります。着信のメールやLINEはそれなりにありましたが、何せ入院中ということもあり、そのままスルーして、音信不通となり、お店に伺わない、やり逃げになってしまいました。

もちろん、ある意味で費用対効果は抜群でありましたが、さすがにそ

● 返報性の法則 ●

人から何かしらの施しを受けた場合、「お返しをしなくては申し訳ない」という気持ちになる心理法則。

本指名を入れる・シャンパンを入れる・同伴するなどの売り上げ UP に貢献するとお返しが……

※高級シャンパンを入れてお返しをさせる

のキャストが退店するまでは、退院後もそのお店には伺いませんでした。

「えっ！　ひどい」という思う方もいるかもしれませんが、少なくとも、イベントには伺わなかったですが、それまでには同伴やら指名をしてお金を落としているので、それほど道義に反するとか、キャストが損失を被っているということはありません。ですので退院後、嫌がらせを受ける、しつこく連日の営業連絡がかかってくるというようなことはありませんでした。

その辺りは、キャストにとっては私はただの一人の客に過ぎないので代替はいますし、とにかく金を引っ張れる客や落としてくれる客を優先するので、反応のない客にはそれほど固執することはないということろでしょうか。

突然のチャンス

縁というか、実はHのチャンスが突然、舞い込んでくるときもあります。

一つは、金欠からの借金の申し込みになります。

理由は、売上達成から携帯やスマホの支払い、あるいは家族の病気といったドラマのような怪しいものもありますが、お金を貸して欲しい旨の依頼であります。

当然、私は銀行のATMではありませんので、**二つ返事**（※18）ですぐに了承することはありません。

ですから、その場合においても返報性の法則を使って、Hをしていない場合は、「お金を貸すから、添い寝をしようよ」とストレートに回答します。

※18　気持ちよく、すぐに承諾すること

その場合、過去の統計から1／3は再度の連絡がなくなり、1／3はHはできないけれどひたすら懇願され、残りの1／3は、切羽詰まっており、添寝やらイチャイチャに応じるという感じであります。

もちろん、金額によりますが、概ね30分やら1時間弱の添い寝ということを鑑みて、自分の狙っているキャストであればMAX5万円までの借金は許容範囲でないでしょうか。

一般的に外で女性を口説いてHとなると、食事→バー→ホテルというような流れになると思います。予算を考えれば、やはり平均3万円ぐらいになりますから、そこにプラスαをした金額であれば納得できる範囲だと考えておりますし、何せ、風俗嬢でもないのに、いきなりHという展開は時間の短縮にもつながりますので、一石二鳥というところではないでしょうか。

また、借金意外にもメンタル的に落ち込んでいる状態で営業抜きの飲食の誘い等がキャストからある場合においても、チャンスであります。

ひたすら悩みを聞く、愚痴を聞くという、決して必要以上なことは喋らず、相手をたてる、同意する、非がないといった、ある意味での神対応をすれば、お酒の酔いもあり、Hになる展開が非常に高いです。

具体的には、メンタルで落ち込むのは、まず、本命の彼氏との別れ、次に人間関係の悩み、最後に健康の悩みといったところが挙げられます。繰り返しになりますが、そのような相談やら愚痴の相手の誘いがありましたら、ひたすら自分を押し殺しての**サイレントプレイ**(※19)で対応し、最後は「気持ちがよくわかる」「自分もそうだった」「お前は悪くない」と言ったフレーズとともに、雰囲気のあるバーの出口の階段等でいきなり抱きしめてみて、抵抗がなければ、そのままホテルへ行くことをお薦めいたします。決して強引に迫ってはいけませんから、無理なようでしたら、さっさとタクシー代を渡してリリースする形になります。

※19　自分からはしゃべらない、声を出さない対応

最後はパワープレイ

「突然のチャンスもなかなかないし、通い続けるなんて、そんなのそんなまどろっこしい」「時間がかかる」という方については、お金にモノを言わせパワープレイを使うしかありません。

パワープレイというと暴力的なイメージを持つ方もいるかもしれませんが、ここで言うパワープレイとは単にお金で交渉する形になります。

下衆な表現になりますが、キャストに限らず、やっぱりお金は皆が好きで、あるだけ欲しいし、とにかくお金の力は強い。この世界も、とにかく女性の価値はお金で判断されます。

現に、皆様も風俗という名のヌキ系のお店に行けばわかるように、美人がいる、もしくはブーがいないお店はそれなりの値段になりますし、なかにはどことはいいませんが、ブーしかいないようなお店は安い金額になることはわかると思います。

ですから、端的にやり目と思われようが、お小遣いを払うとか、ショッピングで何か買って上げるとか、あるいは、競争心を煽って**ランカー**（※20）にしてあげるとか、とにかくお金をかけての勝負となり、時間をお金で買う形とも言えます。

具体的な金額につきましては、概ね１回ＭＡＸ10万円の予算で私は交渉しております。

それ以上の金額を要求されてこともありますが、自分の懐事情とキャストのレベル、さらには現在、キャバクラで使っているお金を鑑みると、このあたりが皆様も妥当な金額ではないでしょうか。概ね、キャバクラに数回通う金額であり、ボーナス等を考慮にすれば、出せなくはないギリギリの金額ではないでしょうか。

もちろん、ここでは正直に10万円と言わず、５万円くらいの予算で相手の反応を見るといった駆け引きも、この手の交渉の醍醐味な大人の遊

※20　指名ランキング上位のキャストのこと

びかと思っております。

もちろん、全てのキャストがこのようなパワープレイに乗ってくるかというところもありますが、私自身の経験から言えば、銀座のクラブのプロなら一見の客と**一線を超える**（※21）と信用問題につながりかねないので断れることもありますが、お金にモノを言わせれば、それなりの成果が出ることは経験談から証明できております。

極端な話、50万円のバッ

● 最後はパワープレイ ●

実際に使わなくても良いので
チラ見せをするだけでも
効果のある札束を用意しておく

※21　SEXをする

グや100万円の腕時計、さらにはお店で派手に高級シャンパンを飲んで数百万円を落とすような行為をすれば、どんなキャストであっても30分やら1時間の添い寝等はお付き合いをしてくれるものです。

なお、断られた時のよくあるお決まりのフレーズとして

「もっと仲良くなってから」
「まだ早いよー」
「まだお互いよく知らないから」

とか、さらには

「最初は食事から」

などのフレーズが入った場合は、基本的には最初の提示金額に納得がいっていない、あるいはそんなに安くないというプライドもありますか

ら、その場合は、思い切って、当初の1・5倍から2倍の金額をチラつかしてみて下さい。

おそらく、かなりの高確率で

「わかりました」

「そこまで考えてくれるなら」


と改心するキャストが多いのは事実であります。

要は裏を返せば、もっとお金をかけろよということでありますから、最後のパワープレイの駆け引きとして使って頂ければいいと思います。

コラム　どのくらいの目安でキャストを口説くのを諦めるか

頑張ってもなかなか目的を達することができない場合、どのくらいの目安や期間でロスカット、諦めるかというある意味では永遠のテーマがあります。

これは人それぞれというところでありますが、私の場合は、初回に出会って、そのあと一度お店に行って、そこで誘って、反応を見ます。
ですから「二度会って、手応えなければ撤退」という、ある意味、短期勝負になります。

「えっ！　そんなに早いんですか？」

と聞かれますが、

「はい。それ以上の時間とお金は無駄で、このスタンスでそれなりの結果が出ていますから」

と、しらっと答えます。

後はそこで勝負にならなくても、とりあえずの印象をつけておけば、いつの日かキャストから退店した時とか、ノルマが厳しい時とかに、向うから連絡がくる場合があるのでそのまま放置というところであります。

もちろん、付き合い等でそのお店に行く時には、そのキャストを指名するということもありますが、「時は金なり」という格言と、地球の人口の半分は女性であり、伴侶やら彼女にするわけではないので、とにかく、次から次へと声をかける方が効率的であります。

H含め、なかなか目的を達することができないキャストのお店に通って、シャンパンを入れるよりは、費用対効果的に、新店舗や新しいキャストに投資をした方が得策であります。

もちろん、一般的な恋愛と同様に粘って、やっとのことで目的を達するということもあるかもしれませんが、そもそも目的達成の可能性は低いですし、時間だけならまだしも、キャバクラの場合はそこにお金もプラスしてかかりますので、やはり私自身はその粘りには懐疑的であります。

このあたりの考え方として手っ取り早いのが、貴方がキャストの立場になるとよくわかります。

もしも、自分が口説かれたり告白される場合、好意やらタイプ、あるいは金銭的援助がその相手に考えられれば、わりとすぐに誘いに応じたり、離れていかないようにするのではないでしょうか。

逆にメリットが感じられない、あまりタイプでない相手からのアプローチであれば、誘いに応じないで、とにかく来店等してもらい、お金を引っ張れるだけ引っ張ろうとするのではないかと思います。

第5章

達人に学ぶ

勉強でもスポーツの世界でも必ず達人という方は少なからず存在します。
なぜにこんなに簡単にはめる ことができてしまうのか？
そんな達人のちょっとしたテクニックをいくつか紹介します。

一人のキャストに固執しない

「気に入ったキャストができましたが、人気嬢であって、なかなかHまで辿り着けない、あるいはそもそもお店に行っても他の常連と指名が被り、自分のテーブルに来る時間が少なく地団駄を踏みます」というようなことを私の師匠に問うと、

「一人でなく、たくさんのキャストを並行して追いかけないと時間の無駄です」

との回答を得ました。

これは、目当てのキャストが1名だけであると、そのキャストを自分に振り向かせるには、どうしても時間やお金をそこだけに投下しがちに

なる。地球の人口の半分は女性であることを認識し、同じようなキャストの好みを探せ、ということを言っております。

一人に絞ってしまうと、そのキャスト次第でお客の優先順位や、時期的に売り上げの助けをそれほど必要としていないといった、なかなか隙がない状況も多々あります。

そんな状況で通っていてもお金と時間の無駄になりますから、ひたすらチャンスが来るのを待ち続けることになってしまいます。

その時間の解消手段としても、他のお店のキャストにもアプローチをしておきましょう。

どのキャストに隙ができるか、ビンゴや麻雀で言うところのダブルリーチやらトリプルリーチという形で、日頃から待ち続けるという手法になります。

私自身も週に1回のキャバクラ通いを、4つのお店でローテーションにして、1ヶ月に4人のまだ寝ていないキャストの隙、チャンスを待ち続けています。

実際に師匠のいうとおり、私も複数のキャストのリーチを待ち続けていたら、その中の一人のキャストが体調を崩し、休みが続き、キャストの方から売上やらノルマ維持の度重なる営業電話やLINEが切羽詰まってありましたから、そういったときに返報性の法則のもと、しっかりと**はめる**（※22）ことができました。

ですから、とにかく可能な限り、一人ではなく複数のキャストを待ち続けましょう。

そうすることで、その中から前章のような突然のチャンスである**何らかしらの事情**（※23）で、普段の色恋営業とは違った積極的な連絡があるものです。

そのタイミングをしっかりと、こちらの主導で仕留めて頂ければと

※22　Hをする

※23　病気などで長期の休みになるとか、本命の彼氏と別れた、好きな人に振られたなど、精神的に落ち込み、人恋しい状態

思っております。その為には日頃からちょっと気になるキャストのいる店名、キャスト名、自称の年齢、特徴などはLINE等の友達の名前にメモ書きをして、突然の連絡に「記憶がない」「えっ！　誰だろう？」ということだけは防止しておきましょう。

ちなみに私は仕事柄、都内だけでなく全国に飛びまわるものですから、地方で働いているキャストが東京に遊びに来る、または東京で働くというようなことを言っているのであれば、「交通費やホテル代を負担するよ。」という台詞を言っておくと、私の経験上では10人に1人ぐらいの割合で後日連絡があります。

後は自分のホームグラウンドできっちりはめるだけです。

交換条件を必ずつける

費用対効果という言葉があります。

字の如く、よくビジネスの場で聞かれる言葉であり、費用をかけたことでどのくらいの効果があったかという表すものであります。

ここでの費用というのは、キャバクラに行く費用やキャストにプレゼントを渡す費用に当たり、効果というのは、1章の目的に照らし合わせれば、トークや接待目的の一緒にいる時の居心地の良さか、Hができるかどうかの判断になります。

居心地の良さについては、ハズレだと感じたら早々にキャストやお店を変えることで、一度見つけてしまえば費用対効果やパフォーマンスがそれほど悪くなるということはありません。

しかしながら、後者の目的であるＨについては、「同伴を何度もしている。」「お店に行く度に高級シャンパンを入れている。」「プレゼントをねだられ買ってあげた。」というような行為は我々の下半身の欲望もあり、ついつい応えている方が多いのではないでしょうか。

もちろん、私自身もタイプのキャストの笑顔と下半身の欲望に負け、ズルズルお金だけをキャストに投下して、効果の目的であるＨに辿り着けない状態が幾度となくあり、結局のところ、そのキャストがそのまま田舎に帰る、あるいは突然ＬＮＩＥ等の連絡が取れなくなるという顛末にて、全く費用を回収できない経験を多々しております。

そのあたりを師匠に伺うと、「交換条件をつけないと」の指摘でありました。それは、

「同伴するなら添寝しよう」

「シャンパン入れるからこのあとアフターしよう」

「プレンゼントを一緒に買いにいくから、お店を休んでその日は自分に付き合って」

等、必ず相手の要求に対して、交換条件をつけるというものであります。

タイミングとしては御挨拶がてら、初期の段階でこちらから仕掛けてもいいですし、逆にキャスト側からの依頼に対応するという、概ね二つのパターンがあります。

私自身は時は金なりの精神で、前者のタイミングが多いところでありますが、後者の場合は前述したように返報性の法則での対応となります。

「えっ！　その交換条件が成立しないときや断られた場合はどうするのですか？」

と疑問があるかと思いますが、その回答はもう出ています。地球の人口の半分は女性です。また既に複数のキャストにリーチをしていますから、同じ手法を他のキャストにぶつけるだけであります。

また、一度断られても、キャストには売上のノルマやイベントに客を集客しなければならないという使命がありますから、しばらくして相手から連絡がある場合に再度、交換条件をぶつけるのみであります。

いずれにしろ、呆れたとか信じられないというような表情を見せるキャストもいますが、ズルズルと目的を達成できないままお金だけを浪費することこそ意味がありませんから、勇気をもって交換条件を突き付けましょう。

ちなみに「恥ずかしいから」「言い辛い」などと冗談みたいな感じで言うと、本当に交換条件が成り立たなくなります。こうなると一方的な自分だけの負担となり、後で揉めることにもなり兼ねないので、はっきりと目的も具体的に言うことをお薦めします。

私自身も「添い寝をしよう」とか「イチャイチャしよう」というのが常套文句ではありますが、「Hまでするとは言ってない」というような思わぬグタグタが極まれに起こることもあります。

なので、「添い寝からのH」とか「イチャイチャしながらの合体」等、しっかりと前日までにはキャストに肉体的関係があることを再確認しておきましょう。

いずれにしろ、このような会話、言葉にはお金がかからず無料でありますから、しらっと言い切ってしまいましょう。

新人嬢と退店嬢に着目

師匠に言われることがあります。

「『あの娘は**ナンバー**（※24）だから』『お店のエースだから』さらには『オーナーの女だから』Hをするのは難しいですよ、かなり時間がかかりますよ。」

確かに説得力のある言葉ですから、このような情報をキャッチすると持久戦の勝負となり、他のキャストに方向性を向けることになります。

その場合において、「逆に注目するキャストはどんな感じですか？」と聞くと、端的に「新人か退店間近ですよ」という回答がありました。

つまり当然の事ながら、新人嬢はまだそのお店では日が浅いことから

※24　多くのお店がキャストの競争心を煽るために作成しているのが、そのお店に在籍しているキャストの成績表で、この表の中で10位くらいまでに入る売れっ子キャストのこと

ナンバーには程遠いし、それなりの成績を早く上げなければいけないというプレッシャーもありますし、他店からの移籍嬢ならまだしも、このお店が初めてのキャバクラ（平気で嘘をつく嬢もいますが、仕草や会話でバレます）というような場合は指名も欲しいし、売り上げも欲しいし、そもそもまだ他の客にも知られていないので、**狙いやすい**（※25）ということです。

もちろん、少なからず警戒心があるかと思いますが、**自分と一線を超えることによって、君にもかなりのメリットがある**ということを強調して、交渉してみてください。

私の経験上、10人に交渉をしたら2人から3人は成功する感があります。

また、退店間近のキャストも狙いやすいです。

さすがにキャバクラを辞めて、田舎に帰るとか結婚するというようなキャストであると起死回生の泣きの**「最後に1回だけ添い寝をしたい」**

※25　落としやすい。Hに持ち込みやすい

とかお金にモノを言わせる**「高額な交換条件」**しか思いつきませんが、ここでの狙いは給料の不満や人間関係のこじれ等、何らかしらの事情で他のお店に移る場合であります。

ある意味では新人嬢と一緒で、他店では新人扱いでありますし、採用側も前の客も一緒にお店に引っ張ってきて欲しい、引っ張るべきだという思惑があります。

ですから、そこで退店間近のお店ではシャンパンやら同伴というような多額の資金を落とさず、新店舗でその分のお金を落とすような旨にて交渉いたします。

交渉方法としては、ストレートに**「いい加減、Hをしてくれなければ新しい店には行かない」**というような**強気な交渉**がお薦めです。

もしも断られてしまったら、新店舗に行かなければいいだけの話であり、このタイミングでもHができなければ、さすがに縁がなかったと諦める方が費用対効果的にもいいのではないかと思っております。

ちなみに、一般的に給料が今のお店よりも高いお店に移籍する場合には、その差額は我々のセット料金やらドリンク代となって跳ね返ってくるところでありますから、そのあたりも考慮に入れて費用対効果を考えなければなりません。

当然の事ながら、「来月から銀座で勝負する！」というようなキャストについては深追いをしない見極めも必要なところであります。

競い合わせる

スポーツの世界でもビジネスの世界でも、競い合わせることにより成績が向上するとされています。キャバクラの世界でも同じく、刺激を与えるということは有効であります。

師匠に「同じキャバクラで2人のキャストを好きになったのですがどうすればいいでしょうか？」と聞いたところ、

「簡単ですよ。競い合わせるだけです」

具体的には、お店に入り、その時点では一般的にキャストの売上にならない場内指名をその2人に入れて、さすがに同時にテーブルに来ないように事前に付け回しに伝え、後は変わるがわるキャストが来ますので、端的に言うだけです。

「○○ちゃんも気になっていて、アフター等もしてくれるみたいだから、君とどっちを本指名にするか迷っている」

「自分の希望もある程度、叶えてくれるなら、本指名に切り替えてシャンパンを入れるよ」

というような台詞を各々のキャストに言って、反応のいいキャストだけを選択をするのみであります。

当然の事ながら、このままアフターに行くか次回の添い寝同伴を確約できるキャストを選ぶべきであります。

「えっ！　両方、断られたら？」

簡単なことです。

「違うキャストを場内指名するか、他店に行くべきだけです」

とにかく、時は金なりですから、いつまでも煮え切れないキャストに本指名、あるいはシャンパンを入れるというような、費用対効果的に疑問視がつく行為は厳禁であります。

フェイントを使う

「ときには意地悪したり、冷たくしてみてください」と師匠に言われたことがあります。

これはどういう意味かと言うと、日頃から、居心地の良さやHを目的としている我々、つまり客目線では、とにかく優しく紳士的態度で対応するのが一般的でありますから、そこであえて、「他の店やキャストが気になる」とか「どうでもいいキャストにプレゼントをする」とかの対応をして、刺激するのが狙いとのことです。

私自身もテーブルに付いた複数のキャストに皆に3000円のチップをあげて、本命のキャストには一切上げないということを実践したことがあります。

当然の事ながら、本命キャストは不満顔になりますので、「最後に帰る瞬間にちょっと来て」言いながら1万円のチップをあげて、「アフターできるならさらに後で渡す」と伝えたり、あるいは「今日は思うところあってチップはあげなかったので、次回、10倍チップを渡すから添い寝同伴しよう」と言ったことがあり、信じられないかもしれませんが、何回か話がまとまったことがあります。

一見、単なるパワープレイと見えるかもしれませんが、一度、落としてからの一気に上昇させるというようなマインドコントロールをしていることから、単純なパワープレイよりもポイントが高いことは言うまでもありません。

皆様もいつも怒られている人に褒められたりすると、いつも以上に嬉しいというような感情を持ったことがあるとは思います。

なお、必ずフォローとして

「小学校の頃、ついつい好きな女の子には意地悪をしてしまうようなもの」

とか

「どうしても気になる子には本心と違うことをしてしまう」

というようなフレーズをさくっと言えば、言い訳苦しくないこともあり、その日のうちに忘れずに伝えることがポイントであります。

もちろん、さらに焦らすという意味では、翌日や退店時間に時間差でのＬＩＮＥやメールでも効果は同じであります。

第6章

キャバクラ遊びを内緒にする方法

ここからは、キャバクラ遊びがバレない方法をいくつか掲載していきます。

当たり前ではありますが、キャバクラ遊びやら通っていることが異性にバレて、いいことはまったくありません。

そんなところに行くなら、私に時間とお金を使えというのは全ての女性の意見であり、反論の余地がありません。

彼女にバレない方法

彼女バレについては、よほどのミスをしない限りまずはないと思います。

ミスとはキャストの名刺がうっかり見つかるとか、ＬＩＮＥやメールのやり取りを見られてしまうというところであります。

同棲をしている場合ならまだしも、仮に名刺を持ち帰ったりしても、後日、破棄すればいいし、スマホは指紋認証をして、さらにはＬＩＮＥにおいても出来る限り男性名で登録したり、トークは既読後に即削除するというようなところまですれば、まずバレることはないと思います。

ただ、彼女とのエッチが週に1度というような場合は、キャストと別の日にエッチ等をしていると、避妊している時はコンドーム、**外だし**（※

※26　エッチのときに挿入して射精の寸前に抜いて、相手のお腹などに出す行為

26)している場合はお腹の上などの精子の量で浮気チェックする強者の女性もいますから、その場合においては、「急がしく、君とはなかなか会えないので自慰をしている。」というようなことをさらっと言う、かわし技をマスターしておきましょう。

また、最悪見つかった場合には「先輩あるいは上司に付き合いで連れて行かれた。」と突き通すのが王道でありますが、それでも、イチャイチャしている画像やエッチのやり取りの文面が見られてしまった場合には、彼女が本命であり、関係を続けていくのならば、「酒の勢いでついつい」とか開き直るか、「二度と行かないし、二度と会わない」と今後はキャストとは関係を持たないと詫びるのが王道であります。

いずれにしろバレないに越したことはないと思います。

基本的には、一般的な二股やら浮気と同じで、日頃からの彼女との対応等からもバレないように**それなりの注意**(※27)が必要です。

※27　同じデートスポットを使わない、急に優しくしない、等

家庭にバレない方法

妻帯者となると、彼女バレ以上に慎重にしっかりとした対策をしておかないと、些細なことから簡単に家庭内バレをしてしまいます。

何せ同じ家に住んでいますので、前述したお店やキャストの名刺を貰うことはそもそも厳禁であります。うっかりポケットや鞄に入れたままで帰宅してしまい、それが見つかることほど愚かなことはありません。百歩譲って、貰ったとしても帰りの駅のゴミ箱や、タクシーであれば近くのコンビニ等でしっかり破棄しなければなりません。

一番やっかいなのは、帰宅時間になるかもしれません。
ついつい勝負がてらお店にラストまで滞在し、その後アフターともなると、帰宅は午前2時、3時になってしまいます。自分自身の二日酔いやら次の日の睡眠不足を心配するより、家人からの「こんなに遅くまで、何をやっているのか」という疑いを払拭する必要があります。

もちろん、その辺りの帰宅時間が遅くなったことに対する王道の理由は、先輩やら上司との付き合い、地方からの上京してきた友人の付き合い等、もろもろありますが、毎回使えるわけではありません。

私の場合は週に1~2回、とにかく残業やら会社の飲み会といった理由を伝え、家人に深夜帰りを意識させます。

とは言っても、実際のところは、残業やら会社の飲み会をしていないことが多いことから、あえて、ゆっくり都内の銭湯やスパ、あるいはマッサージ等、さらにはネットカフェといったところで、仮眠がてら体を休めて、日頃の睡眠不足の解消します。

そのような自分の体を休めつつの午前様の過ごし方、アリバイ作りという点では、当たり前の話になりますが、キャバクラに比較してはるかに安く過ごすことができ、一石二鳥であります。

また、キャバクラで盛り上がったりすると私はちょいちょい、抱擁等をするので、その関係で香水やボディミストが自分にも移ってその匂いを自宅に持ち帰ってしまうことがありますから、喫煙者がいれば煙草の匂いをつけてもらう、あるいは自宅手前からダッシュをして汗をかくというような涙ぐましい対策も必要であります。

ちなみに、私の家は玄関から風呂場までリビングを通らず、家人と会うことなく、直行できる素晴らしい間取りになっております（建てたときにそのような対策を考えたわけではありませんが）。

いずれにしろ、煙草の匂い等を利用して月に1回の麻雀といったところも合わせて、とにかく月に5回ぐらいは午前様になるように印象付けをして、結果的に深夜までかかるキャバクラ通いの疑いを払拭させております。

また、時間以外にも、いくら自分のお金だから家庭的に大丈夫と言っても、家庭の場合、郵送物のチェックを自分より先に妻子に確認されてしまうことから、クレジットカードの明細やお店からのDMといった郵送物からバレることもあります。

ですから、そのあたりもキャバクラでの支払いはもちろん、同伴時の外食、あるいはタクシー代等は、クレジットカード払いのポイント稼ぎという考え方は捨てて現金払いを徹底し、お店には決して自宅の住所がわかるような登録はしないことであります。

キャストにバレない方法

こちらにつきましては、特にバレても問題がないという判断です。何せ5章で紹介したように、逆にバラして気付かせ、競争心を煽る方が効果的であるからです。

「これ以上、進捗ないなら他店の○○ちゃんのところに行くよ」

とか

「全然、自分の希望には応えてくれないね。応えてくれれば、他店にはいかないのでここ一本にするのに」

というような展開に持っていけますし、意外にキャストによってはその他の店の内情も知っていることもあるから、逆にあえてバラしてしまうというのも一考であります。

キャストもプロですから、この客は他店にも行っていることぐらい、当然知っています。

私は日頃から、「この後は○○のキャバクラに行く」とか、「今日はここでキャバクラだけで3軒目だよ」と言い放ち、キャストが「その店では指名やらお気に入るがいるの？」と聞いてくれれば、「ちょっと気になる子がいるけど、お金も時間も限られているから君と悩む」と言って、ひたすら競争心を煽るだけであります。

ちなみに、彼女、家庭、キャバクラと全てに共通して、バレる最大のリスクは寝言になります。

ついつい、そのキャストの名前をうっかり寝言で言おうものなら大変なことになります。

その彼女、妻、キャストが同じ名前であれば全く問題ありませんが、そのような奇跡はまずありません。

とは言ってもさすがに寝言までブロックすることは現代医学を持ってしても防ぐことはできませんので、下記のような基本的な対応しかありません。

・可能な限り、一人で寝る
・ダブルベットや腕枕は厳禁
・なるべく毛布等を口の近くまで持ってくる
・空気清浄機や冷暖房機等の音を出して寝る
・相手が寝てから寝て、相手より早起きする

涙ぐましい努力になりますね。

応用技としては、あえて、「彼女や妻等の名前を狸寝入りで寝言を言う」という手法もありますが、残念ながら、私の場合は、逆にわざとらしく聞こえてしまい、あまり効果が出ておりません。

強いて言えば、生まれた赤ちゃんやまだまだ小さいお子さんの名前、あるいは若ければ好きなアイドルや女優の名前なら寝言の言い訳は簡単に許してくれる感じがします。

いずれにしろ、寝ている時も油断をしてはいけないというところであります。

コラム　これをやられたら確実にキャバクラ遊びがバレる！

本章で書いたバレない方法でありますが、やはり、スマホや財布の中身をチェックされたらさすがにバレると思います。

何せスマホには、ついつい楽しく撮ったキャストとの写真やＬＩＮＥのやり取りが保存されております。

「えっ！　そんなのを残すミスはしない」という方もいるとは思いますが、酔っ払って帰ったとか、ついついの消し忘れもあるのではないでしょうか。

また、それ以外にもブックマークやインスタのダイレクトメッセージ、ショートメール等々、必ずキャバクラやらキャストの爪痕全てを連日、毎回、削除できているかと言うと難しいかと思いますし、連絡先を全て削除すると、また復活するときの手間暇や、どこかに手書きを含めてバックアップが必要になることから、現実問題では完璧にするのは難しいのではないでしょうか。

最近のスマホのその辺りのセキュリティは完璧になったと思われがちですが、ちょっとした番号の組み合わせは何気ない日頃の行動チェックから、どの数字を押されたかを見破ることは可能であり、指紋認証についても師匠曰く、爆睡している間に指を勝手にスマホに当てられ、ロックを解除されたことがあるとも聞いておりますので、とにかく出来る限り、スマホにはキャバラ関係のものは保存やら登録をしないこと、相手が寝てから自分は寝て、相手より早起きをする、風呂等の時間も短めにするなど、可能な限り、自分が見張ることのできない時間を少なくして、見られないようにすることが必要であります。

また財布につきましては、連日中身をチェックすれば、昨日は4万円ぐらい入っていたのに今日は1万円しか入ってない、というような消費具合からバレることがありますので、日頃から大きい変動額になるような財布の持ち歩きの注意は控えるか、キャバクラ用に別財布を用意するというのも対策になります。

もちろん、財布の中身をチェックされたときには、税金の支払いがあるとか、保険の更新や電化製品の購入など、とにかく焦らず、しらっと回答できれば疑われる心配はありません。

なお、お金の問題については、日頃から「家（私）に使わないでキャバクラに使っている」という女性特有の嫉妬や妬みからくるものがありますから、釣った魚に餌を与えないのではなく、できる限りの十分なケアやらお金をかけることを心掛けて下さい。

このあたりも習慣化をしていないと、突然変わったことをすると、逆に何か後ろめたい、やましいことがあるのではないかとかえって疑惑を持たれますのでご注意下さい。

第7章

Hをした後の次にあるもの

二度目に会うか

一度Hをすると急速に冷めてしまう、という経験はないでしょうか。

これは、別にキャスト相手に限ったことではなく、男の性かもしれませんし、その目的を達成するまでの行為が楽しく、そのことに刺激を感じる年齢なのかもしれません。

もしも自分が高校生や大学生の10代、20代のように性欲が湧き出てくる年齢であれば、Hをする機会があれば何回でもするとは思いますが、さすがにそこまでの元気は**薬**（※28）でも使用しないと厳しいのではないでしょうか。

とにかく、Hの相性から始まり、外で会ってみると、会話が意外に盛り上がらない、食事の好みが合わない、気遣いがないというような、な

※28　エッチでの挿入を促すバイアグラなどの勃起不全治療薬

いないづくしを経験することも多々あります。そうなると、一気に感情が覚めてしまうのではないでしょうか。

私自身もHが**マグロ状態**(※29)であると自分のテクニックやら腕の悪さはおいといて、一気に冷めてしまいます。

そもそも、**ベロチュー**(※30)や**フェラ**(※31)をまったくしてくれないと個人的には冷めてしまい、一緒に歩いていると誰もが振り向く美女であったとしても、私は二度目に会うことはありません。

また、プライベートな話になりますが、私自身がお酒を飲むこともあり、まったく飲めない子との付き合いは無理です。

さすがにキャバクラに勤めるキャストにはそのような方はいないと思いましたが、普段お店で飲むので、プライベートは飲まないと言われると**興覚め**(※32)してしまいます。

後は、オヤジなりに細かいことを言えば、御馳走になったときにお礼

※29　SEXの時、仰向けになって正常位で男性を受け入れ、積極的に行動を起こさない女性の隠喩

※30　キスの際に舌を用いる行為　※31　男性器を口、主に唇や舌を使って愛撫すること

※32　今までの思いや盛り上がりが一気になくなること

をキチンと言えるかどうかなど、人としての性格も重要であります。

このあたりは、日頃からキャバクラに通っているときにも、インスタグラムやツイッターなどのSNSをUPする前に自分にお礼があるかどうかで人としての性格は把握できると思います。


とにかく、平均的に添い寝やらHをする時間は1時間くらいと思いますので、そこでのHの相性、そして、その数倍の時間を過ごすであろう、飲食や買い物といった場での振る舞いを鑑みて、もう一度会うか、キープするかを判断します。

とは言っても、私含め、こちらの読者の方であれば、二回、三回、とHを普通にして、飲食といったデートを重ねていると、どうしても飽きてしまい、新規開拓に行くのが男の性ではないでしょうか。

要因として、おそらく、このくらいの年齢になると、単なるHをしたいのであれば、手っ取り早く、デリヘルやソープランドといった風俗に行けばいいのであって、どちらかというと、そのHをするまでの過程や駆け引きを、時間とお金を使って楽しんでいるというところが大きいと思っております。

だって、簡単にすぐHができてしまうと、逆に興ざめをしてしまうのではないでしょうか。

そのあたりは、キャストというか女性から言わせれば、本当に男は身勝手でバカなのかもしれません。

繰り返しになりますが、地球の人口の半分は女性であり、自分の1回切りの男としての人生を考えると、とにかくたくさんの女性と出会うことが楽しいことであり、いつまでも性欲を持って老けない秘訣にもなると思います。

また、そのあたりは新たな女性と出会ったり、飲食、あるいはHとなると、それなりにお洒落な飲食スポットの開拓からはじまり、自分の外見やら体形にも日頃から磨きをかけたりしますので、見た目もよくなり、家族や会社関係においても、何事もセンスのいいオヤジということになりますから、一石二鳥であります。

ちなみに師匠も、やはりHをするまでの駆け引き等の遊びというか、その過程が一番の楽しみだとしみじみ語っており、まさに同感というところであります。

費用対効果をどうするか

しかしながら、どうしてもキープをしたくなる女性と出会うこともあります。

実は恥ずかしい話、私自身も、そんな経験があります。

このキャストが月に２回くらいゆっくり会ってくれるなら、夜の遊びは引退してもいいかなと思ったこともありました。


では、キープをすると決めたら、どのように継続していくか、ということが鍵になります。

やはり、**釣った魚に餌をやらない**（※33）というスタンスを取れることが理想でありますが、さすがにそのような対応をすれば、自分が超イケメンや御曹司でもない限り、確実に離れていくことは言うまでもありませ

※33　Hをするまではお金をかけるが、した後にはお金をかけないということ

ん。

当然の事ながら、向うも素人でなく、キャバクラのキャストという玄人です。

それで生活しているプロでありますから、自分に利益をもたらせないとわかると**適当な理由**（※34）を言って誘いを断るのが一般的であります。

とは言っても、なかなか同じくらいのお金をかけるのは男の性として、惜しくなってきます。

前述したように一度きりの人生、新規の女性を口説きたくなるものですから、やはり徐々に金銭を落としていくことで様子やら探りを入れるというところでしょうか。


例えば、4章で紹介したパワープレイであればMAX予算10万円で見ていますので、そこから8万円、6万円とディスカウントしていきます。

もちろん、下がれば下がるほど、懐事情的には嬉しいし、大体、最初に投下した資金の半分くらいが経験上、落としどころになっていると思

※34　忙しい、体調が悪い、あるいは端的に他の客との同伴やアフターがあるなど

います。

結局のところ、自分のお小遣いやら遊び資金の遣り繰りやらで継続することができるかというところも判断の一つになりますので、自分の人生の中で最高の女性と出会い、少しでも長く過ごしたいと思ったときに泣く泣く断念しないように、節約・投資といったところで、種銭は確保しておきたいところであります。

余談にはなりますが、種銭の確保においての資産運用やら資産構築の術は、女性の攻略法と同じく巷にあふれておりますので、あとはどのジャンルが自分に合うか合わないかを見極め、それなりにお金と時間をかけて習得するものではないかと思っております。

「うん？　何かキャバクラのキャストの攻略と相通じるものがありますね。」

自分のポジションを鑑みる

懐事情的なこともありますが、やはり、今の自分のポジションも重要になってきます。まずはこれを明確にしておきましょう。

今、他店で狙っているキャストがいるのか、定期的に会っているキャストがいるのかあたりが鍵を握ります。

何せ、普通のサラリーマンであれば、時間的にもスケジュール的にも毎日とっかえひっかえ会う、というようなことはできませんから、場合によっては**ダブルヘッダー**（※33）ということもありえるでしょう。私自身も経験があります。

ですから、オーバーな言い方でありますが、

※35　同じ日に二人の女性と添い寝したり、飲食すること

「もし地球が明日滅亡するとしたら、今日、誰と会いますか？」

と自問自答として、私は優先順位を決めていきます。

その中で、まだHをしていない新顔がくるのか、それともHをしたキャストが上位にくるのかなどで、前者の方に軍配があがれば、当然のことながら、多少お金がかかろうが会いますから、既に目的を達したキャストに固執をすることはありません。

やはり男は……

結論として、私の場合は、Hをした後に長続きするには月に1回ぐらいしか会わないで、1度の費用が2万円~3万円ぐらいというのが落ち着くところであります。

繰り返しになりますが、女性と目的を達するために、貴重なお金と時間をかけているので、どちらにも負荷がかかると長続きをしません。

自分の理想としては、本命とサブ、そして、新規の3本柱を開拓し、各々1ヶ月に1度会うのが、年間にすれば、四半期に1度というスタンスがしっくりくるのではないかと思っております。

繰り返しになりますが、結局のところはキャバクラにいくらお金を費やせるかという点になります。

間違ってもカードローンや借金をしてまで通うものではありませんし、私自身も余裕資金が捻出できなくなってしまったら、間違いなくキャバクラ遊びから強制引退するものであります。

脅すわけではありませんが、ここは、しっかりと認識していないといけません。軍資金が底をついているのに、青天井でお金を使えば、最終的には身を滅ぼすことになります。読者の方も本当に無理のない範囲での遊びを徹底して下さい。

後は、年齢的な自分自身の衰えを含め、さすがに薬を使ってまでは私はHを試みることは現時点では考えていないので、そのタイミングではキャバクラ遊びに限らず、女性関係の遊びからは全面的に引退をすることになると思います。

第8章

キャストとのトラブルを回避するには

縁を切る方法

いろいろな新規を開拓していく中で、既存のキャストの関係を断つにはどうしたらいいのかという問題が出てきます。

もちろん、まだHなどの目的を達成していなければ、何の躊躇もなくこちらから関係を断てばいいだけの話であり、特段の問題はありません。

しかしながら、Hをしたキャストとなると、向こうからすれば、「一度寝たら捨てられた」あるいは「プライドを折られた」と判断し、しつこいLINEや電話などがあるかしれません。

それでも、お互い様と割り切り無視をしていればいいのですが、中にはストーカーのようにつきまとわれたりして、参ってしまう方もいるのではないでしょうか。

冷静に考えれば、そのHまでの過程にそれなりのお金をかけているのでキャスト側にも不満がないはずですが、キャスト側からすれば何せ最後の一線を許した訳ですから、これを機にお金をまだまだ引っ張ろうと考えるのが常であります。

ですから、その場合においては、第4章の逆の行動をとして、端的に、「お金がなくなった」というのが一番の即効性があります。

お金がなくなった理由はギャンブルでも投資でも、なんでも構いません。借金の保証人になったという古典的な理由でもいいと思います。
また、お金の都合がついたら会いたいとかお店に伺うと言えば、さすがに借金させてまで会おうと要求してくるキャストはまずおりません。

ちなみに、私の場合は、キャストに限らず、素人の女性含め、例え、コストがかからないでHができたとしても、後々の**エグジット**(※36)を考

※36　最後に別れるとき

え、必ず、Hをした後には、お小遣いを数万円あげているところであります。

そのようなことをすることによって、自分と女性はあくまでもお金の関係であることを日頃から意識させることができます。

そうすることで、縁を切るときには、そもそもお金がないという理由が最大限の説得力を発揮しますので、私自身は今まで慰謝料やら手切れ金を要求されたことはありません。

結婚を迫られない方法

時には結婚を迫られることもあるかもしれません。

例えば、私は完全に避妊をしてのHでありますから可能性は低いですが、妊娠をしたとか、そろそろキャバクラに疲れたので**水揚げ**（※37）してもらいたいとか様々でありますし、時にはお金目当てで揺さぶってくることもあろうかと思います。

その場合においても、原則は前述したように「お金がないけどいいの？」と逆質問で返します。

大体がその返しで身を引いていきます。お金がない男と結婚するキャストはまずいませんから安心して下さい。

なお、さらに有効な回答としては。「実は子持ちである」とか「昔、

※37　嬢を彼女や奥さんにして生活費を出し、水商売を辞めさせること。江戸時代の花街から伝わる由緒正しい言葉

警察に捕まったことがある」というようなキャストの両親が顔をしかめる内容やら、到底結婚を了承しかねる内容を告白することも有効であることは言うまでもありません。

ちなみに妊娠の事実に心当たりがある場合は、こればかりは借金をしてでも中絶の費用を用意せざる得ない覚悟をしなければいけないし、さすがにお互い精神的なダメージを、キャストは身体にもダメージを抱えますから、個人的にはそのようなことが起こらないように避妊を徹底することを勧めます。

妊娠した場合

それでも妊娠をすることもあるかもしれません。

実は私自身も避妊をしてのHだから、そのあたりの問題は全くないと言いつつも、不覚にも、現にこの原稿を書いている先日、コンドームが破れ結果的にまさかの**中出し**(※38)となってしまったことがありました。

さすがにショックで師匠に相談をしましたが、師匠は余裕の回答でした。


「まずは、相手に破れていることがバレていないなら、放っておけばいいし、もしも心配ならアフターピル(※39)**を飲んでもらえばいい。そもそも1回のHで妊娠する可能性は低いし、他でもバンバンしているのでジャッカルさんの子とは言い切れないし、悩むだけ時間の**

※38　挿入したまま膣内に射精すること

※39　避妊に失敗した際に望まない妊娠のリスクを下げるために作られた避妊薬。性行為後に飲む

無駄ですよ。」

「もしも妊娠となったらその時にまた考えましょう」

有難いお言葉でありました。たしかに放っておけばいいのですが、心配性の私は、早速、いくつか実践をしました。

「コンドームをしていても妊娠することもあるからピル飲むならお金を出すよ」

と言って、5千円ほど渡しておりますから、後は自己責任と言い切れます。また、お店に行って

「昔、妊娠と言われ女性に騙され、妊娠前鑑定したら自分でなかった」

「自分は無精子症（※40）である」

※40　男性の精子中に、精子を観察できない状態。あるいは運動率が極端に低い（20～30%以下）の場合のこと。不妊の最大の原因

とか、さらには

「借金がある」

とか、とにかく、妊娠してもまずは自分の子でない、あるいは、間違っても出産しても幸せにならないことを大大アピールです。

ただ、薬代を渡しに行く時や次の生理確認までは、まだ数回はお店に通うことによるランニングコストがかかってしまい、コンドーム破れが高い代償になってしまいました。

いずれにしろ、基本は生でやらないのですが、２回戦、３回戦でコンドームがない場合、**朝立ち**（※41）で、いきなりのＨもあるかもしれません。

その場合においては、中出しを避け、外出しを徹底しましょう。それでもその後において、生理が遅れると病院代や検査代など、とにかく無駄な出費とストレスがかかりますので、副作用の低いアフターピルの活

＊41　男性が朝、目が覚めたときに勃起していること

用ぐらいはうまく勧める方が無難であります。

それでも妊娠したら、私自身も経験がありませんが、おそらく、お互いに大変な心労になりますが、現実として、中絶という選択しかないでしょう。

以上のようなことを考えても、繰り返しになりますが、避妊は徹底しておくことをお勧めします。

第9章

師匠との一問一答

借金の回収

そもそもお金を貸すのは先行投資であり、駆け引きであることから頭を使います。
私の中では店でお金を使う延長上の対応です。
要はいくら使えば、Hができるのかになります。
とまずは、師匠ならではの借金の考え方を教えて頂きました。

その上で回収についての見解です。

「基本、貸したお金は帰って来ないと思った方が腹も立たないので、5万円以下はあげるつもりでHをしなくても、貸しているというかあげております。

もちろん、Hをしていないわけですから、そのあたりの交渉はしますし、そもそも借金の依頼は、逆の立場になって考えればある程度、仲良くならないと言ってこないと思いますし、Hをしていれば、返さなくていいのでもう1回、Hをするのみで回収は終了です。

回収方法につきましてはジャッカルさんの期待を裏切って申し訳ありませんが、返ってきたことは過去に一度もありません。

こちらの口座番号を教えるのはフルネームばれを含めリスキーですし、わざわざ律義に手渡しで返すキャストなど皆無なことは言うまでもありません。

ただ繰り返しになりますが、慈善事業ではないですし、おそらく**貸し倒れ**(※42)になりますから、そもそもHをしてから貸す、あるいはあげることをお勧めします。」

と、このようにさすがの経験者ならではの回答でありました。

※42　借金が回収できず損失になること

恥ずかしい話、私自身も3人のキャストに総額18万円の借金が貸し倒れになっております。

幸いなことに、Hはしているのですが、ちょっと高額になっているのが反省すべきだと思っております。師匠のいうとおり、まず戻ってはきませんし、回収の手間暇を考えれば、私の感覚では株式投資などで稼いだ方が早い感じがします。

妻帯者であると言うべきか

「伝えた方がキャストも電話をわきまえてくれるし、信頼度もあります。ただ、読者が若い場合は隠した方がいいかはわかりませんが、結婚していると言い始めてからの方が、Hのできる確率ははるかに上がりました。」

これは大変参考になるコメントですね。

私自身は伝える方が後々面倒、というような不倫みたいなイメージがあったのですが、確かに最初からオープンした方がキャスト側から付きまとわれる心配もないし、そもそも私くらいの年齢（40歳代）で独身だと、明確な理由がないと何か人間的な欠陥を疑われてしまうかもしれません。

引退を考えたことがあるか

「今のところ引退する気持ちはありません。
ただ、ジャッカルさんもわかると思いますが、1人で行くより皆でワイワイ騒ぐのが本当に楽しいので、Hができなくても、そのような目的でキャバクラに通うと思います。」

確かに、気心の知れた仲間でのキャバクラ遊びは楽しいですし、誰かのお気に入りのかわりにブーが来た時の対応をいじったり、イチャイチャ顔を撮影したり、そんな時には尋常じゃない盛り上がりを見せますね。

となると、キャバクラの目的は結局のところ、初心者の方の出発地点である、この**居心地の良さ**に戻ってくるということになるかもしれません。

確かに店内を見回すと、私みたいにギラギラしているオヤジもいれば、仲間うちで終始笑顔で飲んで、トークをしている年配の方々も散見できます。

私もいずれはその域に達してみたいものですが、どうしてもまだまだ下半身がいう事を効きません。

もっと！　教えて師匠！

・お店選びにいい方法は？

↓とにかく、案内所を使うことです。特別割引料金で案内、在籍しているキャストの評判、そして何よりもボッタクリ被害に遭いません。

何より、いきなり飛び込んでお財布の相談をしたり、ブーばかりに逢うという可能性を低くしてくれます。

・予約はした方がいいの？

↓する必要性はまったくありません。私は過去一度もありません。

わざわざ予約していくなら、他店に行きます。

レストランでの食事と一緒です。

「予約して何かいいことありましたか？」と逆に問いたい。

・セット料金、指名料、サービス料以外でお金で気をつけることはある？

↓やはりサービス料金と消費税でしょうか。時には普通の部屋とＶＩＰでは、サービス料が異なったり、またカードで支払うと本来、店が負担するカード手数料をこちらにつけてくるお店があります。

ですからやはり、全てトータルの金額を確認したり、伝票を貰う時には恥ずかしがらずに内訳をみることです。

さらには、キャストのドリンクの金額も必ず確認してください。

お店によっては、1本1万円近いボトルで、アルコールの弱い甘い飲みものを出すところもあります。油断しているとそれを2本も飲めばシャンパン1本分になりますから要注意です。

・どんな話をすればいいの？　盛り上がる話のポイントを教えて！

↓Ｈという目的を達成するためのキャバクラ通いですから、話の内容はＨをするための交渉というところでしょうか。

とは言っても、話が続かないとか暗いのは苦手でありますから、鉄板の盛り上がりネタとして、誰もが行きたがるバーレスク東京やキャバクラ嬢でファッションモデルの愛沢えみりのお話をします。

・連絡先は聞いてもいいの？　メール、LINEで上手い方法はある？

↓聞かなくてどうしますか！

うまいもなにもストレートに聞くのみです。一切、恥ずかしがることはありませんし、普通に教えてくれます。

・アフターに誘うには？

↓てっとり早いのは閉店ラスト1時間、飲食してそのまま勢いで誘うのが王道です。

アフターするならシャンパンを入れるというような返報性の法則も使えますし、キャストもその日の売上の状況や酔い具合で、他の太客等の誘いと重複していなければ、安易にアフターには来てくれます。

・師匠お薦めのキャバクラ場所

↓王道はやはり歌舞伎町、次に六本木、錦糸町や上野はリーズナブルで、帰りのタクシーもつかまりやすい。

上野あたりは、結構、掘り出しキャストがいますし、以前、歌舞伎町や六本木で働いていたケースも多いです。ジャッカルさんにも行くことを推奨しています。

・知っておきたいキャバクラ知識

↓15日と月末が締め日だということは覚えておいてください。
（なかには20日が締め日というものもあります）

・キャストに聞いた、こんな客は嫌だ

↓必要以上のおさわり。おしりのタッチというところです。

ジャッカルさんがよくやる『オデコをつける、チップを胸に挟む』のは可愛いモノというか全然大丈夫です。

とにかく、嫌われるのは巧みに触ってくる（手の甲を座るときにお尻にあてる、露骨に胸にあてるとか）客とのことです。

逆に喜ばれるのは指名延長というのは明白であります。

以上が師匠とのやり取りでありましたが、続編があったら、おそらくジャッカルでなく師匠、自らの体験記で1冊が出来上がると思います。

● 師匠の財布の中身 ●

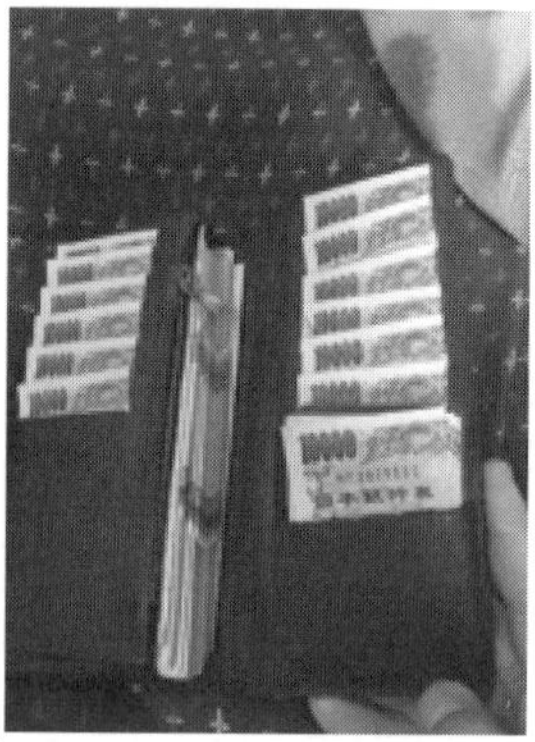

コラム　同伴に使うお店

同伴にはどのようなお店に行くのがいいのかというところになりますが、私自身は自分の行きたいお店、もしくは食べたいお店という選択肢になります。

Hをすでにしている、していないに関係なく、何せ、出勤前ということを鑑みれば、服装も私服であり、こちらとしては、普通のデート気分感覚になります。

ですから、どうせ選ぶなら、自分が行ってみたいお店やら、お互い今日、食べたいものといったところから、選ぶのが賢明であります。

なお、自分自身もそうでありますし、キャスト側も他の客の目線が気になりますから、できれば個室等があるお店をお勧めします。

また、違った角度で考えれば、キャスト側から見れば、同伴料は既に得る事ができていますし、そもそも食事の時間帯が世間からすればズレているということもあり、飲食ではなく、時間の許す限り、映画や東京ドーム等でのスポーツ観戦、あるいは、バーレスク東京のようなダンスショーや軽いショッピングという選択肢もあり、私もよく使います。

キャスト目線でいえば、一緒にいられれば安い居酒屋でもいいというような、一見、こちらのお財布事情に優しい、嬉しい提案もありますが、裏を返せば同伴の食事代は一切、キャストの収入にはなりませんから、「そこで大金を使うならお店でお金を使え」という心の中を読み切って下さい。

ですから、私は時にはあえて、お金がかかる飲食店に同伴で行って、そのキャストのお店では、「今日は食事で散財したからシャンパンはなくていいかな？」と反応を見て楽しんでおります。

はい、結局はHをしていないキャストの場合においては、最終的にはシャンパンを入れるのですが、そのようなやり取りをして、会話も鍛えていくと経験値が上がります。

なお、いきつけのお店や口の軽い店主のお店は避けた方が無難です。

「この間、ジャッカルさんが髪の短い女性と来ていました。」

確かに事実でありますが、そのあたりを友人や知人に吹聴されると、いつ誰の耳に入り、かち合ったり、噂になったりして、自分のHまでのゴールの足かせになる可能性がありますので、そもそも出来る限り、なるべく、同じ店を短期で何度も使うことは避けた方が安心であります。

ちなみに、私がホームグラウンドとしている歌舞伎町や六本木においては、数多くの飲食店があり、新規オープンのお店もたくさんあることから、そのようなお店探しも楽しみながら実践しているところであります。

おわりに

この書籍に紹介したあの手、この手のテクニックで読者の皆様も早ければ数週間、遅くても半年もすれば、当初の目的の成果は達成できているのではないかと思っております。

「えっ！　そんな簡単なものではない」

あるいは

「全然、うまくいかない」

というような方は、是非とも、編集部までご連絡下さい。

続編の出版が決まった暁には、その疑問やら質問に懇切丁寧に回答したいと思っております。

基本は「お金と時間」、そのどちらもかけることによって、必ずキャバクラの本来の目的であるゴールを見出せるのは、私自身が証明しているからであります。

そして、どの世界でもいえることではありますが、一度、ゴールを決めると、その過程が経験値となって、次のゴールも決めやすくなります。

もちろん、その過程において、不発、あるいはゴールを外すことも多々あります。

その場合には今一度、本書を読み直し、特に攻め方等が誤っていなければ、後はタイミングの問題であります。何度も繰り返しますが、地球の人口の半分は女性でありますから、縁がなかったと余裕を持って、また次のキャストを攻略すればいいだけの話であります。

それなりに時間やお金はかかるかもしれませんが、この著書を取っている方は、ある意味キャバクラが大好きであり、趣味であるという方がほとんどでありますから、その探す行為自体がワクワクして楽しいのではないでしょうか。

また、可能であれば、そのような共通な趣味を持てる友人がいれば、出会えるキャストの数も単純に倍にもなりますし、他店の情報収集という意味では時間の軽減にもつながりますから、添寝同伴等でなければ、キャバクラは多数で行った方が個人的には楽しいと思います。

いずれにしろ、是非とも、キャバクラという世界を初めて、もしくは今一度、このタイミングで経験して頂き、一度きりの人生を楽しんで頂ければと思います。

そのうち、どこかのキャバクラで私とばったりということもあるかもしれませんね。

本書を出版するにあたりましては、師匠であります六本木・歌舞伎町の帝王G氏、総合科学出版の倉田亮仁氏のご理解・ご協力には大変感謝するところであります。

平成29年9月末日
ジャッカル

著者：Jackal（ジャッカル）

キャバクラ愛好家。
40歳になってからキャバクラに通い、全国100店舗で名を馳せる。
如何にエッチを成し遂げるかをゴールに現在も虎視眈々と必殺技を炸裂させている。
そのような著者がはじめて、前代未聞の攻略法を初披露。

社会人10年目をこえたら知っておきたいキャバクラ

2017年11月3日 第1版 第1刷発行

著者	Jackal
カバーデザイン	大澤康介
印刷	株式会社 文昇堂
製本	根本製本株式会社

発行人　西村貢一
発行所　株式会社 総合科学出版
〒101-0052　東京都千代田区神田小川町 3-2 栄光ビル
TEL　03-3291-6805（代）
URL：http://www.sogokagaku-pub.com/

Printed in Japan　ISBN978-4-88181-864-0